L'ARTISTE ET L'ESCROC,

OU

LA JUSTICE TELLE QU'ELLE SE FAIT.

NOUVELLE-NOUVELLE,

POUR L'AMUSEMENT ET L'INSTRUCTION DU PUBLIC.

Par MATELIN,

Ancien Fab.t de Bronze et d'incrustations mosaïques.

Je n'ignore pas combien la Jurisprudence administrative a besoin de réforme. — C'est une monstruosité dans l'ordre judiciaire quand l'alliance du droit et de la loi n'existent pas.

Paroles de LOUIS-PHILIPPE, 1er *Nov.* 1830.

Le gouvernement que notre révolution a fondé n'est pas un gouvernement de parti..... .... Beaucoup de gouvernemens ont péri pour n'avoir pas été justes ; je doute que l'on puisse en citer un seul qui ait succombé ou qui seulement ait été ébranlé pour avoir observé fidèlement les règles de la justice.

Disc. de rentrée. CH. COMTE, *Proc. du Roi.*
5 Nov. 1830.

Paris.

CHEZ TOUS LES MARCHANDS DE NOUVEAUTÉS.

—

SEPTEMBRE 1832.

Imprim de Bellemain, passage du Caire, n. 96

ATTENTAT HORRIBLE A LA LIBERTÉ INDIVIDUELLE,
et à la Propriété.

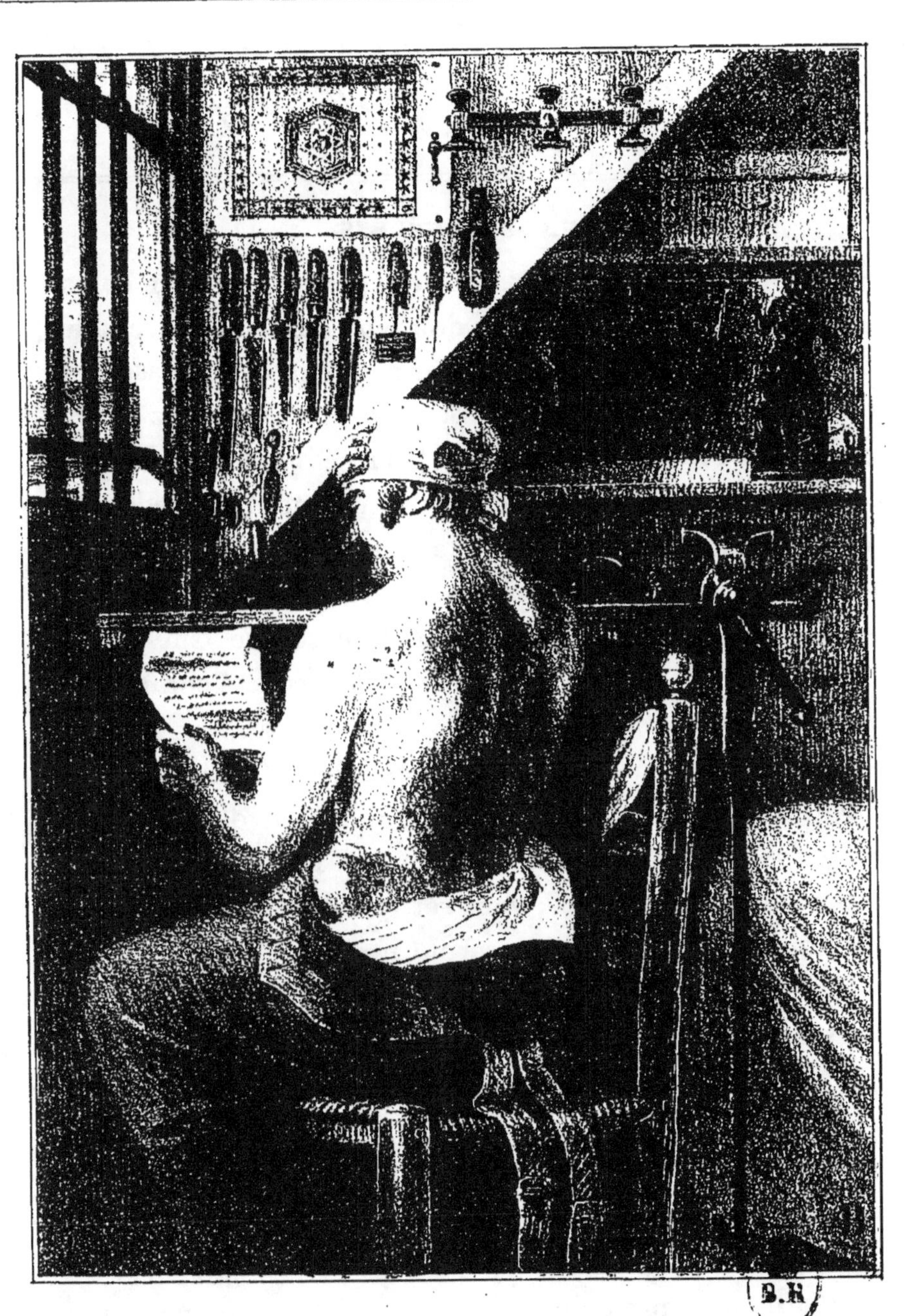

« Lacoller a vendu ce qui restait à Berville, enfin c'était comme un Pillage,

« Vial est à Berville, il espère avoir la restitution du Bail, &c.ª ....

Lettre de mon fils.

Les monstres ils m'ont emprisonné par un crime inouï, pour

mieux me voler?!

L'ARTISTE et L'ESCROC,

OU

La Justice telle qu'elle se fait.

POURQUOI J'ÉCRIS.

On me disait : *n'écrivez pas ;* qu'importe à la foule et vos malheurs et votre ruine, et les douleurs qui sont descendues jusqu'au fond de votre âme ? Soyez partisan de Nicolas ou de Philippe, défendez ou envahissez Ancône, attaquez Holy-Rood ou les Tuileries, soyez pour Don Pédro ou pour Miguel, et alors vous aurez le droit d'avoir une tribune et des auditeurs. Vous réclamez le respect pour la liberté individuelle, autrement l'inviolabilité de l'homme ; vous vous plaignez de la violation des droits de propriété, et de ce que, suivant une vieille habitude, la *justice-métier* traite l'équité comme Caïn traita son frère Abel !

Où en êtes vous donc, avec vos idées d'autrefois ? Vous croyez constamment entendre l'écroulement de la Bastille, ou tonner le canon de Juillet qui brisa ceux qui voulaient briser les tables de la loi ; vous rétrogradez vers les confins de l'antiquité, tous vos efforts seront inutiles.

Pardonnez-moi, répondis-je ; ainsi que l'a écrit DUCLOS dans ses Considérations sur les Mœurs : *Il y a peu d'hommes qui soient des objets d'intérêt ou d'attention pour le Public ; mais il n'y a personne qui n'ait son public, c'est-à-dire une portion de la société commune dont on fait partie soi-même.*

C'est de ce public dont j'attends, dont je sollicite le jugement, pour qui j'écris, et qui saura m'entendre.

D'ailleurs, un abîme s'est entr'ouvert sous mes pas, j'y suis tombé : comment pourrais-je continuer d'être honnête homme et négliger de prévenir mes frères des dangers qui les menacent s'ils s'en approchent?

J'ai été dévalisé par des brigands beaucoup plus redoutables que ceux dont Madame Radcliff et ses collègues ont peuplé romantiquement les grandes routes, et je ne les signalerais pas à tous ceux qui, comme moi, voyagent dans la vie civile, judiciaire et politique de la France !

Qui la sait et se tait a part à l'infamie.

Je ne me soumettrai jamais à la culpabilité du silence.

MON HÉROS.

On raconte qu'un procureur Normand adressait au Ciel cette prière étrange : « Mon Dieu, je ne vous demande pas » d'argent, l'objet des vœux de tant d'hommes ; placez-moi » seulement à côté de ceux qui en ont, et je me charge de » ma propre fortune ».

Je ne sais si mon héros tient par quelque fil secret à la doctrine de notre procureur Normand ; je laisse au lecteur le soin de prononcer lui-même lorsqu'il aura pu juger, par ses œuvres, l'habile ouvrier que je signale.

VIAL DE MACHURIN, c'est ainsi qu'il se nomme, a reçu des soins de parens honorables une assez bonne éducation ; son frère est Référendaire à la Chambre des Comptes, éclat qui réjaillit sur lui, tout en rappelant néanmoins l'histoire des deux Philibert.

Mais le père garde ses biens et veut qu'à sa mort chacun de ses enfans ait sa part égale. Le Référendaire entend conserver ce qu'il possède. De Machurin, le féodaliste de Machurin, qui trouve trop simple le nom de Vial, entend de leur vivant, et quoiqu'ils en fassent, dépouiller père, mère, frère et sœur, sans compter les étrangers qui auront le malheur de se rencontrer sur sa route.

Il a des besoins pressans d'amour-propre et de jouissances à satisfaire, et pour toucher ce but c'est l'argent, le seul argent qui peut lui servir d'escopette.

Et comment se procurer de l'argent sans crédit personnel, sans la caution et surtout sans la volonté et même contre la volonté d'autrui ?

Il faut, qu'on les entende ou que l'on ne les entende pas, se jeter dans les affaires; on n'a pas de propriétés, mais l'on vend celles d'autrui; on n'a pas un sou dans sa poche, mais on achète pour les capitalistes, ces nouveaux seigneurs qui de nos jours remplacent dans l'ordre politique le haut clergé et la noblesse antique. Un jour ou l'autre, à force de s'enquérir, on rencontre un vendeur ou un acheteur, et si l'un est trouvé, l'autre bien vîte accourt sur ses pas.

Ce point de départ déterminé, de Machurin se met en campagne et découvre un capitaliste plein de la fructueuse velléité d'acheter un domaine.

Est-ce pour y asseoir un majorat et faire souche à quelque nouvelle race nobiliaire? Est-ce pour établir un cens, devenir Député, par suite Préfet, Ambassadeur ou Ministre ? En vérité je l'ignore.

LE PREMIER PAS EST FAIT.

L'acheteur est là : cherchons un vendeur ou une venderesse, et surtout employons un moyen sûr de nous soustraire à l'ingratitude des cliens.

Le domaine demandé est dans les prix de 250 à 300,000 fr. Si *un pour cent* nous est accordé par celui qui achète, cela ne produira que de 2,500, à 3000 fr. Supposons le vendeur aussi peu généreux, la somme soit de 5, soit de six mille francs, deviendra notre seule récompense.

Pour augmenter la prime, prenons-la en dedans, de même

que les usuriers en agissent, pour l'intérêt, avec les fils de famille, et dès-lors l'opération en vaudra la peine.

Ainsi raisonne de Machurin, et l'espoir le pousse à pleines voiles vers la région des richesses. Oh ! quelle nuit délicieuse il passa lorsqu'il eut appris de la bouche même de Madame la Baronne de Garwdel, qu'elle consentait à vendre le domaine de Berville-Kociusko. Le loup qui dévore en pensée l'agneau qu'il a pisté la veille n'éprouve pas au gosier une dilatation plus suave que celle de Machurin, savourant, par anticipation, quatre-vingt mille francs qu'il a fait porter en sus du prix véritable d'achat du domaine qu'il va transmettre à son capitaliste; car c'est bien quatre-vingt mille francs qu'il se propose de faire payer, à celui-ci, le service de le rendre haut et puissant seigneur du domaine de Berville-Kociusko.

Il importait peu à Madame la Baronne de Garwdel que le contrat de vente annonçât une somme excédant de quatre-vingt mille francs le prix réel de la vente, le fisc s'en trouvait fort bien, puisque le droit de mutation était augmenté d'autant, de Machurin gardait son masque et ne pouvait paraître aux yeux de la venderesse tout au plus qu'un homme qui sacrifiait à l'orgueil ; car c'était en son nom qu'il achetait.

La seule chose qui touchât et dût toucher Madame de Garwdel était de recevoir intégralement et promptement le prix convenu.

Ainsi tout se classait et s'accommodait le mieux du monde.

UN INCIDENT.

Quand on veut acheter une propriété, il est d'usage qu'outre l'agrément qu'on se promet de sa possession, on s'informe avec quelques soins de sa véritable valeur vénale, pour bien connaître ce que l'on sacrifie à son caprice. D'un autre côté, les capitalistes d'aujourd'hui, un peu plus honorés que les financiers d'autrefois, mais tout aussi avisés qu'eux en ce qui touche la spéculation, ne négligent aucun moyen de bien s'assurer de l'emploi de leur argent. O malheur !

Le vase d'élection qui devait verser quatre-vingt mille francs dans la caisse de Machurin, est mis en contact avec un indiscret qui lui apprend la friponnerie de son mandataire. Il vérifie, il se place bien dans le chemin de la vérité, et sans se plaindre, ce qui eût été inutile, sans faire aucun bruit et avec un flegme tout philosophique, il déclare qu'il délaisse à Machurin le beau domaine de Berville-Kosciusko ; et effectivement il se retire laissant son infidèle mandataire ébahi et confus.

C'est ainsi que de Machurin devint propriétaire de Berville en vertu d'un acte du 12 Avril 1825.

COMMENT FAIRE ?

De Machurin, devenu propriétaire sans s'y attendre, et sans le vouloir, d'un domaine qu'il n'a pas payé et qu'il ne peut pas payer, ne perd pas courage, car il se fie à son génie pour l'intrigue et à l'étoile qui éclaira son berceau.

Vial de Machurin s'autorisant de la féodale dénomination qui le distingue, de la bonne renommée de ses parens, de l'honorable emploi exercé par son frère, se présente chez Madame la Marquise d'Aligre, qu'il sait avoir des capitaux disponibles et destinés à un placement hypothécaire.

Il fait si bien jouer tous les ressorts de son imaginative et promène si agréablement autour de cette Dame les prestiges de l'honneur et de la fortune, qu'il parvient à la déterminer à lui prêter le capital énorme de 256,500 fr. !

Qu'offre-t-il? disons mieux, qu'ose-t-il fournir en garantie? 1°. La totalité du domaine de Berville, qu'il n'a pas payé, et sur lequel même il n'a pas donné un seul à-compte ; 2° deux maisons appartenant à son père, qui depuis est décédé, et sur lesquelles de Machurin n'avait, dans tous les cas, qu'un droit d'expectative pour un tiers seulement, puisqu'il a un frère et une sœur.

Désintéressera-t-il du moins, avec les fonds de Madame d'Aligre, Madame Garwdel ? il n'en sera pas moins un stellionataire, car il a hypothéqué des biens qui ne lui appartiennent pas ; il n'en restera pas moins à découvert de 256,000 fr. envers Madame la Marquise d'Aligre.

Et si cette Dame apprend qu'elle a été la victime d'une véritable escroquerie ; si elle s'arme de la sévérité des lois contre un effronté spoliateur?... sa voix et celle de ses Conseils se feront entendre, elles ne seront pas dédaignées comme celle d'un honnête artiste, et la foudre judiciaire atteindra bientôt le coupable.

Qu'en dites-vous, MM. du Parquet du Tribunal Civil et de la Cour Royale ? Qu'en dites-vous, MM. les Juges d'instruction ? N'est-il pas vrai que les gens titrés et les gens de fortune sont toujours compris, servis et défendus avec une merveilleuse intelligence ?

Aussi s'empressa-t-on d'appaiser Madame d'Aligre, et la famille Vial se dépouilla pour couvrir la honteuse nudité de l'un de ses membres. Elle consentit, avec une générosité qui n'étonnera pas les âmes honnêtes, à ratifier tout ce qui avait été fait par de Machurin. Madame d'Aligre fut satisfaite ; mais la société outragée l'a-t-elle été? non, sans doute. Heureux d'échapper à la peine d'une faute très grave, d'un délit, en un mot, va-t-il du moins s'amander lui même ? Non, non ;

> L'honneur est comme une île escarpée et sans bords,
> On n'y peut plus rentrer dès qu'on en est dehors.

NOUVELLES TENTATIVES.

Ne pouvant plus, sans trop de témérité, exercer son savoir-faire dans l'acquisition et la vente des immeubles, de Machurin porta ses regards sur l'industrie, cette grande puissance du siècle, si profitable et si peu défendue par les magistrats.

Un ingénieur lui avait cédé un brevet d'invention pour des roues de voitures et de chariots, fabriquées à la mécanique. Quel parti de Machurin va-t-il tirer de ce procédé nouveau ?

Il s'adresse d'abord à M. *Boquet*, artiste de haute distinction dans la Manufacture de Sèvres. Celui-ci examine, fait quelques dépenses en pure perte, renonce à toute demande d'indemnité, heureux de pouvoir à si bon compte être séparé d'un homme qui, sous aucun rapport, ne méritait d'entrer en contact avec lui.

De Machurin ne s'arrête pas aux difficultés ; il se met en rapport avec M. Morot, Mécanicien, espérant des talens et de la réputation de celui-ci quelques moteurs qui déterminent le succès des roues à la mécanique.

Vain espoir ! des roues ne se placent pas dans le commerce comme des billets de banque. Pour les confectionner, il faut de coûteux appareils, une grande quantité de bois de choix, et surtout un long temps avant d'opérer, en assez grande quantité, des ventes qui rétablissent et le capital primitif, et un intérêt raisonnable de ce même capital.

Rien ne fut donc fait ni tenté. Mais c'est dans les ateliers de ce même M. Morot, et bien sans aucun concours de volonté de sa part, que j'ai eu le malheur de connaître Vial de Machurin.

BERVILLE KOCIUSKO.

Connaissez-vous Berville, ses jolis environs, ses grâces, sa magnificence ? Savez-vous l'intérêt puissant qui s'y rattache? c'est là qu'a demeuré, c'est là que s'est reposé dans une auréole de gloire l'immortel Kociusco, qui du moins avant d'expirer n'eut pas la douleur de survivre à la nationalité polonaise.

Le propriétaire de ce riche domaine fait de grandes affaires à la Bourse, et si des succès toujours croissans sous l'influence du génie de la spéculation augmentent à chaque instant la solidité et l'étendue de sa fortune, du moins c'est un de ces puissans de la terre qui animent incessamment l'activité de l'industrie et du commerce. Son esprit actif est perpétuellement agité de la noble pensée d'un progrès pour aider au grand développement de la prospérité publique.

Tel se présente à mes regards l'astucieux de Machurin, qui sachant bien deviner et saisir le faible de chaque être qui se trouve en contact avec lui, me parla de l'excellence des terres de Berville pour y fabriquer tout ce qui se rapporte à la tuilerie et à la faïencerie, s'exalta sur la beauté des établissemens qu'on pouvait y former dans ce genre, sur la multiplicité des ressources locales, la facilité des transports, et surtout sur le laissez-aller de son caractère de bienfaisance, d'encouragement et de libéralité.

Il me propose, et j'accepte d'aller à Berville ; il étale tous ses prestiges ; et l'imagination facilement incendiée, comme celle de tous les artistes, déjà je vois dans l'avenir l'immortalité acquise par des travaux utiles et des produits remarquables, descendre comme une douce rosée sur les fleurs presque desséchées de ma vie.

VOYAGE A ORLÉANS.

J'étais propriétaire d'une grande tuilerie à Orléans ; j'en parle à de Machurin, qui dès ce moment conçoit l'idée de m'en dépouiller. Il y vient, me fait sentir combien il y aurait d'avantages à transporter de suite dans Berville le matériel immense dont mon établissement se compose, et me fait toucher au doigt l'ample dédommagement que je recueillerai de mes sacrifices.

On peut se faire une idée de ce que pouvait être mon déménagement d'Orléans, depuis 16 ans que j'avais créé les premières presses, les découpoirs et les moules en cuivre, les balanciers, les fouloirs, les laminoirs, les tours, les moulins, etc. Depuis ce tems je les avais augmentés en nombre et en perfection ; les ateliers des incrustations ressemblaient à un hôtel des monnaies, et le tout marchant à bras d'hommes. Je consentis donc de tout transporter à Berville, jusqu'au bâtiment de 240 pieds de long qui contenait tout ce qui dépendait de cette partie et que de Machurin convint de me payer, mais qu'il me doit encore. J'emportai aussi tout mon matériel, tous mes outils, des bois de charpente, de la menuiserie, beaucoup de planches de sapin, de la marchandise cuite, des carreaux incrustés, dont, soit dit en passant, j'ai fourni à de Machurin un parquet dans sa maison, rue Ste-Appoline, et qu'il a *oublié* de me payer : enfin, tout mon mobilier.

J'avais affermé la tuilerie ordinaire 1200 fr.; un pavillon à un Colonel, M. Durlaborde, 500 fr., et un autre bâtiment au fond de mon jardin 500 fr., ce qui me constituait un revenu annuel de 2200 francs. Mais tout cela était loin de suffire pour donner au nouvel établissement projeté, et qui devait procurer tant de merveilles, la consistance et l'éclat nécessaires. Des capitaux étaient indispensables, je les attendis de Machurin, mais celui-ci les attendait de moi ; jusques là il ne me réservait que le rôle de dupe.

EMPRUNT CONTRACTÉ.

On conçoit facilement qu'un opulent propriétaire, et même qu'un puissant financier, s'ils ont engagé leurs capitaux dans une foule d'entreprises , quelques certaines qu'elles paraissent, et même qu'elles le soient , se trouvent instantanément dans l'impossibilité de faire de nouvelles avances ; il n'y a pas de caisse qui ne s'épuise à la longue.

Je compris cela parfaitement bien, et trop bien; car sous le prétexte de ses nombreuses mises dehors, et sous celui, très-plausible de ne pas altérer son crédit de réputation par un misérable emprunt de vingt mille francs sur l'important domaine de Berville, dont comme on l'a vu il n'avait réelle-ment que l'apparence de la propriété, de Machurin me détermine à faire cet emprunt de vingt mille francs sur ma propriété d'Orléans.

Comme dix mille francs seulement étaient nécessaires pour payer la construction de la tuilerie projetée à Berville, et qu'il était de convenance d'aider un homme qui me condui-sait tout droit à une grande et honorable fortune, il fut convenu que de Machurin disposerait de la moitié des vingt mille francs *, restant néanmoins débiteur du tout, puisque c'était pour son compte que la tuilerie devait être construite.

Cet arrangement est établi par la correspondance qui a passé sous les yeux de M. le Juge d'instruction DELAHAYE *jeune;* néanmoins ce magistrat, dont je parlerai plus tard et plus au long, sur la plainte que j'ai portée contre de Machu-rin et pour opérer sa justification complette, n'a pas hésité à se contenter de la simple dégénation de celui-ci.

En aliénant par un emprunt hypothécaire ma propriété d'Orléans, qu'avais-je à craindre ? tout ; car de Machurin, qui ne l'a pas payé, n'était nullement propriétaire du do-maine de Berville. Qu'avais-je à craindre ? rien ; car d'après

* C'est aujourd'hui que *nous empruntons*, moi et M. Matelin, 20,000 fr. dont M. Matelin permet que j'employe 10,000 fr. à mes affaires personnelles autres que celles de Berville.

15 *Décembre* 1825. (*Lettre de* MACHURIN *à* Mme. MATELIN).

le prestige dont il avait fasciné mon esprit, une valeur colossale me répondait immobilièrement des vingt mille francs que dans la réalité j'avançais.

Il suffit qu'un honnête homme descende dans sa conscience pour qu'il se fasse une idée de la parfaite sécurité dans laquelle je vivais et j'agissais.

LES BILLETS.

Sachant bien que la défiance entre difficilement dans une âme pure, et qu'il est rare que l'expérience des affaires éclaire les artistes, depuis un an de Machurin menait mon esprit à la lisière, et fort de la puissance qu'il avait acquise sur moi, il tente un coup de maître.

Il serait trop ennuyeux de raconter tous les romans qu'il fabriqua pour me persuader que sans que sa fortune soit atteinte et même incertaine, les fonds lui manquaient pour terminer les travaux de la tuilerie, complément qui donnait une plus-value considérable au domaine de Berville.

A cet égard il fallait se procurer dix mille francs : rien de si simple, car il avait un escompteur à sa disposition. Pour solder l'agio et toucher bien intégralement dix mille francs, il était convenable de souscrire pour onze mille francs d'engagemens; et comme un financier, sous peine de perdre parmi les capitalistes ce parfum de renommée qui le fait partout accueillir avec empressement, ne doit jamais produire à nu sa signature, il me persuada facilement qu'il était dans l'ordre que je souscrivisse les effets de circulation qu'il allait émettre avec garantie, par son endossement, de sa responsabilité personnelle.

Que risquais-je? en apparence rien, car ne payant pas moi-même, les tiers porteurs recouraient de suite sur lui; il me le dit du moins : on verra ce qu'il en a été.

Je me laissai persuader, et au mois d'Août 1826 je souscrivis cinq billets au porteur, payables à un an de date, au domicile de Vial de Machurin, rue Ste-Appoline, et portant intérêts à cinq pour cent l'an.

Ils furent écrits en totalité de la main de Machurin et terminés par ces mots tracés de ma main : *bon pour deux mille francs*, signés de moi et fabriqués avec tant de précipitation que deux se trouvent sans date.

L'un de ces billets, passé dans les mains de M. Lacarrière, était de trois mille francs ; ci. 3000 fr.

Un autre de deux mille francs fut escompté à M. Chabouillé, M^d de Papiers, rue St-Martin ; ci. 2000

Mrs Lacarrière et Chabouillé n'ont pas poursuivi pour ces deux billets.

Et trois autres de deux mille francs chacun, sont entrés dans la caisse de M. Allegry, Négociant, qui s'est empressé de les transmettre à un nommé Néri ; ci. 6000

Ce qui forme bien en nombre cinq billets et en somme onze mille francs, ci. 11,000

J'établis ce calcul d'une manière précise pour que mes lecteurs apprennent, par la suite de mon récit, comment à Paris on compte au Palais de Justice.

On se doute bien que de Machurin avait un motif pour employer la forme inusitée de billets au porteur ; car les gens de son allure sont admirables pour les prévisions. Quant à moi je ne le soupçonnais pas ; et, si je n'en avais pas parlé à quelques hommes éclairés je ne me serais jamais douté de tout le savoir qu'il y avait dans cette combinaison.

Par l'intérêt stipulé de Machurin voulait-il échauffer la cupidité des escompteurs ? ne cherchait-il pas, en cas de non paiement, par moi, à se soustraire à la contrainte par corps, étant matériellement insaisissable, puisqu'il ne possède rien, et cela en objectant qu'il n'était ni commerçant, ni industriel, qu'en principe l'effet au porteur avec stipulation d'intérêts à cinq pour cent n'est qu'un engagement purement civil, à l'abri de l'action commerciale ?

J'ignore sa pensée que j'aurais cherché à connaître si j'eusse été à même de m'en enquérir , par suite d'une plainte, en qualité de juge d'instruction, espèce de magistrat qui a toujours beaucoup de choses à apprendre , ne fut-ce que pour être en état de bien qualifier un fait et d'en instruire les autres ; mais ce qui est aussi évident pour moi que l'existence qui m'est personnelle , c'est que de Machurin, en faisant souscrire comme garante ces mêmes billets par Mlle Vial, sa sœur, n'avait d'autre but que d'épaissir de plus en plus l'épais bandeau qui couvrait mes yeux.

LE BAIL.

Ce qui doit fixer l'admiration sur les savantes manœuvres de Machurin pour parvenir à m'extorquer onze mille francs en billets au porteur, c'est le bail qu'il me proposa et auquel j'acquiesçai devant Me Rouquairol, Notaire à la Chapelle St-Denis , les 15 et 16 juin 1826.

Ce bail me transmet pour dix-huit années, qui remontent au 1er Avril précédent, la jouissance : 1° d'une partie du domaine de Berville et celle de la tuilerie pour dix-sept ans trois mois qui commenceront à courir du 1er Janvier 1827.

De Machurin y promet l'agrément et l'utilité de constructions nouvelles , l'adjonction d'un espace de terrain existant entre deux ponts sur le fossé du canal au bout de l'ancienne avenue de Berville, l'établissement d'un port, le droit d'extraire le sable , la terre et la pierre nécessaires à la fabrication des carreaux mosaïques et autres produits pour toiture et construction, et la libre disposition de tous ces brillans élémens de fortune, sans augmentation du prix du bail, prix assez modique puisqu'il ne s'élève qu'à quatre mille francs par année et à une indemnité de 50 centimes pour chaque étendue de 42 centiares ou perche de 20 pieds, creusée ou rendue inculte par le fait de l'extraction de la terre, du sable et de la pierre.

Une clause importante termine ce bail : elle consiste à soumettre à un arbitrage toutes difficultés qui pourraient s'élever entre les contractans sur son exécution.

Cet acte me donnait à croire, lors même que j'aurais eu quelques doutes sur la loyauté de Machurin, que mes craintes devenaient chimériques, puisque par la compensation sur le prix du loyer, je pouvais rentrer successivement dans le montant de l'emprunt que j'avais pris à la charge de ma Maison d'Orléans, et me trouver garanti contre tout autre engagement pour raison duquel je me mettrais à découvert.

Cette illusion conduisit ma main lorsque je signai les onze mille francs de billets au porteur. Que l'on se souvienne un instant que les hommes les plus profondément dissimulés s'expliquent par leurs actions, et l'on verra qu'il n'y a rien de plus facile pour un Juge d'instruction que de pénétrer la pensée secrète de Machurin et le but qu'il se proposait d'atteindre en consentant un bail; mais pour cela il faut que l'observation tienne registre exact des précédens et des subsé-quens, travail trop pénible pour l'insouciance de la plupart des Juges, et au-dessus de la portée de la plèbe commune dont j'ai le malheur de faire partie et qui ne s'aperçoit que, par la chûte, du piège où elle tombe.

Que voulait de Machurin en me faisant un bail ? me faire payer la location d'une partie des constructions dont j'avais avancé le montant ? ce n'est pas assez pour lui. Se procurer un prêteur à la vue d'un bail présentant un revenu annuel de 4000 fr.? ce n'était pas assez encore. Se couvrir de mon manteau pour amortir le coup de quelques saisies ? En effet, il était poursuivi alors par la maison Milleret, de Metz, et il avait tout à craindre de ce côté; mais ce qui le préoccuppait davantage, c'était de compléter ma spoliation.

M. DE BIONVAL.

Tout-à-coup, et le 24 Novembre 1826, apparaît entre Moret et Nemours, sur les bords du canal de Loing et comme un être fantastique, émanation subite de la forêt de Fontainebleau, un inconnu.

Il est porteur d'une lettre dont la suscription est conçue en ces termes : « Après la forêt, s'adresser à l'auberge de Madame Dutoit, à Grès, avant Nemours; y demander un guide qui porte le paquet à la tuilerie de M. Matelin. »

Ouvrons la Lettre et lisons :

« M. de Cormeille et moi adressons à M. Matelin *un ami commun*, qui devait depuis long-temps nous rendre visite à Berville, et qui n'ayant pas le tems de faire un long séjour, part sans nous attendre.

» Je prie M. Matelin de vouloir bien l'accueillir comme j'aurais pu le faire, et de se mettre de suite à l'aise avec lui, en le mettant à même *de visiter et de parcourir la propriété.* M. Matelin aura certainement autant de plaisir à faire sa connaissance qu'il s'en promet de son côté à voir ses travaux et ses préparatifs; *c'est un homme habitué à la campagne, ayant l'expérience des Manufactures, se connaissant en mécaniques, et qui fera bonne compagnie à M. Matelin* jusqu'à ce que je puisse l'aller rejoindre : que M. Matelin ne change rien à ses habitudes, il lui fera grand plaisir, car il est sans façon comme M. Matelin lui-même; que je prie d'agréer mes civilités et de présenter mes respects à Madame,

» Ma sœur écrira et fera un paquet pour samedi, en réponse à celui qui nous est arrivé ce matin. »

Ce 23 Novembre, Jeudi soir.

Signé VIAL.

Quel est donc ce grand personnage si avare de son tems, si entendu dans les fabriques, fin connaisseur en mécaniques, et qui doit faire bonne compagnie à M. Matelin? C'est l'ami commun de MM. de Cormeille et de Vial de Machurin.

Son nom est incertain, car on ignore si réellement c'est *Mangin* ou *Bionval* qu'il s'appelle? Si l'on en croit la *Gazette des Tribunaux*, 19, 21 et 23 novembre 1827, il y a quelque chose d'équivoque dans la suavité de sa réputation : et le Maréchal Gérard aurait eu l'irrévérence de le méconnaître pour associé, quoiqu'il fût sans état, sans fortune, sans domicile réel, et n'eût pour toute propriété qu'une foule de jugemens commerciaux qui mettent à chaque instant sa liberté en péril.

Dans quelle circonstance arrive-t-il ? Au moment où par mes soins et sous ma direction, avec mes deniers, des constructions avaient été faites pour préparer, consommer et faire fructifier des fabrications importantes ; au moment où un marché contracté avec M. Courtois, entrepreneur de bâtiment à Montfort-l'Amaury, embrassait le moulage, la façon et la livraison, en six mois, de 100,000 tuiles et faitières, et fourniture pendant quinze années de 300,000 tuiles ; au moment où un autre marché annuel de tuiles, briques et carreaux, avait été conclu par moi, avec M. Armant, Négociant à Paris.

Quel était l'objet du voyage de M. Mangin, dit *Bionval*, ou de M. *Bionval*, dit *Mangin?* C'était le précurseur qui devait préparer les voies d'une entreprise difficile, car il s'agissait d'anéantir, par le fait, le bail souscrit, et de placer dans les mains rapaces de Vial de Machurin toute mon existence, celle de ma famille, et même ma liberté!

Et je me croyais d'autant plus fort de mon bon droit, que pour le terme échu le 1er Janvier 1827, Vial de Machurin m'avait fourni quittance de deux mille francs par déduction des sommes qu'il me devait; et je sommeillais bien tranquille, car dès ma plus tendre enfance on m'avait persuadé qu'il y avait toujours eu, dans le noble pays de France, des lois conservatrices de l'équité et des magistrats protecteurs de l'honnête homme.

MADAME LALLEMAND.

L'ingénieur chargé de travailler à la réduction d'une place déjà investie, met tout son talent à masquer ses travaux et à persuader aux assiégés, en affectant une complète inactivité, une sécurité trompeuse par suite de l'espoir dans une paix prochaine, ou par défaut de moyens d'agir ; néanmoins il n'épargne ni tems, ni veille, ni soins. C'est ainsi que de Machurin, par l'intermédiaire de son affidé Bionval, cherche à endormir ma vigilance, à éloigner tout soupçon, et à préparer contre moi une explosion qui sera d'autant plus terrible qu'elle aura été tout-à-fait inattendue.

On avait avec un art infini fait évaporer les impressions fâcheuses que la présence et les tracasseries calculées de Bionval avaient produites sur mon esprit, et quand on crut que je ne gardais aucune souvenance des premières hostilités, on déploya à mes regards le flatteur avenir, le besoin de finir l'établissement, si on ajoutait une quinzaine de mille francs à des ressources naturelles.

Précisément une dame Lallemand était là toute prête, non pas avec quinze, mais bien avec dix-huit mille francs, à seconder mes efforts.

Et pour avancer ces dix-huit mille francs, que demandait cette Dame ? la chose la plus simple, la plus facile et la plus désintéressée du monde, la faculté de se rembourser sur les produits même de la tuilerie.

Que fallait-il pour la contenter ? une simple délégation par moi souscrite, pour qu'elle pût se payer sur ces mêmes produits.

Je consentis encore avec beaucoup de peine, et la délégation fut écrite et déléguée au mois de Mai 1827.

En hypothéquant ma maison d'Orléans par un emprunt dont les deniers étaient tombés entre les mains de Vial, j'avais ébranlé ma fortune, détruit mon crédit, et ma résistance était peu redoutable, puisque je m'étais privé du secours de l'argent, principal élément de la défense, tant la justice est devenue coûteuse. J'avais aggravé cette position en souscrivant onze mille francs de billets au porteur, en consentant un bail qui, extérieurement au moins, me constituait débiteur annuel de 4000 fr., et en mettant, par la délégation entre des mains étrangères, dix-huit mille francs, c'est-à-dire le plus net produit de la tuilerie qui ne faisait que de naître.

Quoique je n'y fisse nulle attention, le danger n'en était pas moins réel et imminent ; l'expérience qui ne s'apprend pas, mais qui s'acquiert et que j'ai si chèrement payée, m'en a fourni la preuve douloureuse.

Et ce qui me démontre que tous les prestiges dont j'ai été la dupe et la victime étaient le résultat d'une combinaison infernale, c'est qu'il paraîtrait que cette dame Lallemand n'est qu'un individu supposé, que rien n'a été livré sur les produits de la tuilerie, et que de Machurin, me considérant comme totalement épuisé, se disposa dès lors à entrer avec moi en hostilité, de manière à consommer infailliblement ma ruine.

MADEMOISELLE VIAL.

Il convient de faire connaître comment on s'y prit pour m'enlacer dans une opération avec un être que j'ai tout lieu de croire tout-à-fait imaginaire. De Machurin s'appercevait que je mettais quelque hésitation à m'engager par une délégation en faveur de la prétendue dame Lallemand; il s'avisa d'un stratagême, et ce fut de faire de Mlle Vial, sa sœur, la compagne et l'amie de mon épouse.

Quel parti ne peut pas tirer une fille intrigante, dirigée par un homme passé maître en fourberie, d'une femme artiste, simple et naïve comme la nature, douée de cet esprit droit qui n'admet pas les détours, d'un cœur pur qui ne soupçonne pas la déloyauté, et d'une âme tendre et sensible que la douceur de la maternité a prédisposé aux plus douces affections ?

Tous les fils de la trame ourdie par Vial vont apparaître aux yeux de mes lecteurs, s'ils arrêtent un instant leur attention sur la correspondance qui conduisit à fin la remise de la délégation.

Le 7 Mars 1827, Mlle VIAL écrit à mon épouse :

« Ma chère Madame Matelin,

» Vous ne vous imaginez pas combien il m'en coûte pour vous écrire aujourd'hui et répondre à votre lettre de ce matin ; je suis aussi peinée que vous de me trouver hors d'état de venir à votre secours.

» Il y a pour M. Dupré et pour les billets Létang 500 f. à payer à la fin de Septembre ; à la fin de Février, pour deux billets Létang, 1500 f. ; de plus, 2000 francs d'intérêts à payer pour des *réserves hypothéquées* sur le bien de Berville ; les trois premiers articles doivent être couverts par la vente des tuiles, et le quatrième devait l'être par le paiement de la fermière, et vous savez ce que l'un et l'autre ont rapporté jusqu'à présent ; j'ai donc été obligée pour faire face à tout, de vendre deux inscriptions de 180 fr. de rentes et de mettre mes diamans en gage pour une somme de 1800 francs

L'acquittement des billets n'avait rien de personnel pour moi, ne pressait nullement, ne motivait en aucune façon ni la vente des deux inscriptions, ni la mise en gage des diamans, ni l'envoi précipité de tuiles pour en réaliser le montant.

La D^lle Vial comptait bien que Mme Matelin n'y ferait nulle attention ; mais il s'agissait de porter dans son imagination des idées confuses de nécessités à satisfaire promptement, et de conserver à ses yeux une importance de solvabilité, puisque l'on pouvait vendre des rentes, engager des diamans, et qu'on n'avait sur Berville à payer que deux mille francs *de réserves* hypothéquées.

Mais ni la délégation, ni les tuiles n'arrivaient, dès lors la correspondance se régla méthodiquement.

Parcourons avec rapidité les lettres qui déterminèrent le succès de cette nouvelle tentative.

Deuxième Lettre de Mlle VIAL. — 13 Avril 1827.

« Je vous disais que Mme Lallemand m'avait envoyé une de ses filles pour me demander ou la délégation ou les fonds ; car il était *convenu que l'un ou l'autre* serait remis le 10.

» J'ai, comme vous le pensez, fait une assez sotte figure : cependant j'ai dit que ne voulant pas confier ce papier à la poste, et mon frère devant revenir à Paris lundi, il comptait le rapporter lui-même.

» J'ai recours à vous, ma chère Madame Matelin, pour procurer un peu de calme à ma pauvre tête. *Si je voyais les bateaux arriver*, j'aurais déjà plus d'assurance pour répondre aux questions que plusieurs personnes me font sur le produit de la fabrique.

» *Je vous embrasse de tout mon cœur; mille amitiés à M. Matelin.*

» Votre dévouée amie ».

3me *Lettre*. — 22 Avril.

« Je ne sais pourquoi Monsieur Matelin, qui était tout disposé *à signer la délégation*, ne l'a pas encore fait. Je ne vois pourtant pas que cela l'engage, puisqu'il n'est tenu que de déléguer une somme de...... sur chacun des bateaux qui se vendront en 1827.

» Adieu; *je confie au papier mille baisers* ».

4me *Lettre*. — Fin d'Avril.

« Je vais vous dire à quel point je suis contrariée. Je m'étais engagée, sur la parole donnée par M. Matelin, qu'il signerait quand on voudrait l'engagement de payer sur la marchandise vendue en 1827.

»Les personnes sachant *les malheurs* que mon frère avait éprouvés, se trouvaient plus assurées en prêtant au fabricant sur la vente de ses produits, et ce n'est aussi qu'après m'être assurée du consentement de votre mari que j'avais fait ma reconnaissance provisoire ; on est venu avant-hier réclamer l'exécution de ma promesse, et comme je n'avais pas de bonnes raisons à donner, j'ai été obligée de donner mes rentes pour caution et pour avoir de quoi faire face aux 2500 f. *à payer lundi pour les billets Létang...* etc.

» Je vous embrasse toujours de bon cœur, mais plus tristement. »

5me *Lettre*. — 3 Mai 1827.

« Ma chère Madame Matelin,

« Vous n'avez donc pas vu mes lettres ; car il n'est pas possible que vous me fassiez volontairement manquer à mes promesses.

» Je ne puis deviner pourquoi vous ne m'avez pas renvoyé cette délégation : je ne sais si je dois me présenter sans cette pièce devant Mme Lallemand..... Je compte sur vous, *ma chère Madame Matelin*, pour ne pas éprouver un nouveau désagrément ».

6me *Lettre* — 6 Juin.

« Madame Lallemand m'ayant fait prier de venir causer un instant avec elle hier matin, je n'ai pu m'y refuser, quoiqu'il m'en coûtât beaucoup de me présenter chez elle sans le titre qu'elle attendait.

»Elle m'a dit qu'elle désirait avoir cette pièce (la délégation), étant obligée de repartir très-incessamment pour la Bourgogne.

» Je crois, ma chère Mme Matelin, que vous aurez réfléchi sur l'inconvénient qu'il y a à garder cette pièce, et qu'elle me reviendra avant la réception de ma lettre ; je ne puis croire *au changement de vos principes*, cela ne peut entrer dans la pensée de votre dévouée amie ».

Arrêtons-nous un instant sur ces six lettres, et nous concluerons sans doute avec nos lecteurs que jamais l'escroquerie ne s'est présentée avec des formes plus séduisantes, n'a déployé des moyens plus insinuans et n'a fait jouer ses ressorts avec plus de finesse et de subtilité.

Mais poursuivons :

7me Lettre.

« J'avais fait tous mes préparatifs de départ pour samedi prochain : je n'attendais que votre lettre *accompagnée de la délégation*, recopiée suivant le modèle *envoyé et donné* par Madame Lallemand, quoique de *l'écriture de mon frère*. Voilà dix jours que j'attends en vain, attendant cela pour prendre l'argent qui est déposé *pour vous*, et qui ne sera délivré que sur cette pièce. Ne m'accusez donc pas de lenteur, car c'est votre réponse qui fixera le jour de mon départ.

» Je vous prie d'agréer mes civilités amicales, en attendant le plaisir de vous voir, ce que vous êtes à même d'avancer ou de reculer à votre volonté.

» Adieu, Madame et Amie, je vous embrasse de tout mon cœur.

» Votre dévouée Amie. Signé VIAL. »

Cette lettre, où très-habilement la D^{lle} Vial intéresse le sentiment affecteux de Madame Matelin, et cette disposition naturelle aux femmes qui leur fait trouver du plaisir à toucher, compter et encaisser des espèces sonnantes, cette lettre complette le prestige, et la fameuse délégation fut signée dans les termes qu'on va lire.

DÉLÉGATION.

« Nous soussigné, locataire de la tuilerie de Berville et de Launay, pour *reconnaître et rembourser l'argent que nous a fait prêter* Mlle VIAL *pour les besoins de la fabrique, tels que la construction des fours et bâtimens nécessaires à ladite fabrique,*

» Déléguons, à partir du 1er Avril 1827, les marchandises fabriquées qui existeraient à cette époque, et toutes celles qui le seront par la suite et jusqu'à concurrence de la somme de 18000 fr., dont jusqu'au présent mois *nous avons touché la somme de* 9250 fr. et dont le surplus nous sera fourni,

Savoir :

1000 fr. le 15 courant.

1250 fr. le 30 courant.

2500 fr. en Juin.

2000 fr. en Juillet.

2000 fr. en Août même année 1827, fesant le complément de 18,000 fr. pour lesquels nous autorisons toutes les démarches sur lesdites marchandises, comme les ayant cédées et aliénées *pour moitié* au porteur de notre délégation, pour garantie dudit prêt, dont le remboursement commencera le 1er Avril 1827, jusqu'à la fin de l'année 1830, dont nous payerons les intérêts à 5 p. % aux époques des 15 Octobre et 15 Avril de chaque année, à partir de la présente.

Berville, le 15 Mai 1827.

L'escroquerie, l'abus de confiance et la fraude apparaissent ici sans nul déguisement à tous les esprits qui, munis de la connaissance des faits antérieurs, voudront prendre le soin d'un seul moment de réflexion.

Je me reconnais comptable de 9250 f., tandis que je n'ai pas reçu une obole ! C'est pour les fours et bâtimens nécessaires à la fabrique, dont la construction était à la charge de Vial de Machurin, que je m'oblige à rembourser de l'argent que m'aurait antécédemment fait prêter Mlle Vial, tandis qu'il n'en était rien !

Voilà, quant à moi, la spoliation.

D'un autre côté, les créanciers de Vial tenteront-ils de s'emparer des produits de la fabrique dont celui-ci se prétendait tantôt propriétaire, tantôt associé? les jugemens par eux obtenus viendront tomber devant la délégation qui transmettait à la prétendue Dame Lallemand une saisine légale.

Ainsi pour lui seul, et sans qu'aucun de ses créanciers

puisse entrer en partage de mes dépouilles, Vial trouve dans son génie infernal, avec le secours de sa sœur et les indications de ses conseils judiciaires, le moyen de s'emparer de mon argent, de mon mobilier, des machines et outils que j'avais à Orléans, de 20,000 fr. empruntés sur ma propriété d'Orléans, de 11,000 fr. de billets par moi souscrits, de 18,000 fr. par suite d'une délégation mensongère, de mon salaire et de celui de ma famille pendant trois ans.

DIGRESSION JUSTIFIÉE.

J'ai dû pour la rapidité du récit, consacrer un chapitre à l'apparition fantastique de la Dame Lallemand, et donner de suite le résultat de cette manœuvre, ne fut-ce que pour faire voir que le but spécial de Vial de Machurin, dans chacune de ses tentatives, est une spoliation. Mais les ressorts cachés qu'avec tant d'art de Machurin sait manier pour arriver à ses fins, eussent échappé à la sagacité du lecteur si je n'avais pas découvert à ses yeux, et mis en sa présence, la tendre sœur de notre héros, cette amie dévouée, cette affectueuse inspiratrice des mouvemens de Madame Matelin auprès de moi pour me faire consentir à la délégation qui devait nous ruiner tous deux.

Peut être n'est-ce pas sans intérêt qu'on aura lu la correspondance d'une fille astucieuse pour surprendre cette bonté naïve d'une tendre mère et d'une femme artiste lisant dans son âme les vertus qu'elle pense trouver dans toutes les personnes de son sexe.

Cette leçon de morale en vaut bien une autre; puisse-t-elle défendre de semblables pièges les personnes qui, comme ma femme et moi, sont étrangères à la défiance parce qu'elles ne peuvent croire à la perversité, et leur apprendre qu'avant de rien traiter en matière d'intérêt pécuniaire, il est sage de n'agir qu'avec le concours d'un conseil éclairé ! On ne devient pas ouvrier sans étude, artiste sans génie, et la triture des affaires peut seule instruire des avantages et des dangers qu'elles présentent.

LES HOSTILITÉS COMMENCENT.

Il fallait, pour arriver au développement du systême de Vial de Machurin, employer l'intrigue, la violence, les voies de fait, donner à tous ces moyens réunis un caractère de légalité, et me déterminer à abandonner *provisoirement* la position que je tenais, ne fut-ce que par la répugnance que les procès inspirent à tout homme étranger aux démêlés de ce monde pervers.

De Machurin oubliant qu'il est mon débiteur, sans nul égard à la quittance qu'il m'a fournie et se prévalant du bail des 15 et 26 juin 1826, me fait notifier le 21 Sept. 1827, un commandement de payer le loyer échu et dont depuis 1825, comme on l'a vu, le montant était dans ses mains. Je refuse, et je motive ma réponse à un acte si étrange pour moi, sur ce que, 1° je ne suis pas en jouissance des lieux loués; 2° sur ce que je suis créancier de fortes sommes de M. Vial de Machurin pour raison des constructions faites par moi pour la mise en état des lieux loués.

De Machurin ne se contente pas d'élever l'inique prétention de me faire payer à moi-même l'intérêt de l'argent que je lui ai prêté, en exigeant le loyer de constructions dressées par mes soins et soldées de mes deniers; par procès-verbaux de saisie des 24 et 25 Sept. 1827, il enveloppe pour plus de 160,000 fr. de valeurs, pour et au besoin, dit-il dans un acte odieux, *et quand même je serais véritablement son créancier, assurer le payement de* 2000 fr. !

Que faire contre un homme qui ne respecte ni la position

de mon épouse qui allaitait son enfant et qu'il rend témoin d'une telle infamie, ni les droits de la reconnaissance pour les services que je lui avais si généreusement rendus, ni les actes qui le constituaient mon débiteur ?

Je pris conseil et je lui fis signifier le 25 Septembre 1827, une assignation en référé devant M. le Président du Tribunal civil de Fontainebleau, dont les motifs sont déduits textuellement ainsi qu'il suit :

« Attendu qu'aux termes du bail des 15 et 26 Juin 1826, le Sieur Vial est tenu de faire à la tuilerie différens travaux de construction, non encore confectionnés, d'où il suit que les loyers représentatifs de la jouissance ne sont pas dus, ou se compensent* nécessairement, jusqu'à concurrence, avec les avances par eux faites ; que c'est le cas, en suspendant lesdites poursuites, de renvoyer les parties à compter tant sur lesdits loyers que sur les autres objets de leurs déclarations respectives, voir donner acte aux sieur et dame Matelin de leur opposition au commandement du 21 Septembre 1827 et à la saisie du 24 du même mois ; en conséquence ordonner que les poursuites commencées contre eux, requête dudit sieur Vial, seront discontinuées. »

La cause renvoyée à l'audience, le Tribunal de Fontainebleau se fondant sur les clauses du bail, ordonna le 8 octobre 1827 à chaque partie la nomination d'un arbitre pour statuer sur leurs différens, les choses d'ailleurs demeurantes en état, et tous droits respectivement réservés.

Une telle décision ne pouvait satisfaire Vial qui voulant

---

* La compensation s'opère de *plein droit*, par la *seule force de la loi*, même à l'insu des débiteurs, les deux dettes s'éteignant réciproquement à l'instant où elles se trouvent exister à la fois jusqu'à concurrence de leurs quotités respectives. CODE CIVIL, art. 1290.

spolier matériel, meubles, effets et marchandises, rencontrait un obstacle dans la présence, sur les lieux, de mon épouse et de moi.

Il ose interjeter appel, se promettant, à l'aide du protectorat dont il s'entoure, surprendre la religion de la Cour Royale de Paris; mais un arrêt du 27 Décembre 1827, confirmatif du jugement du Tribunal de Fontainebleau, dissipe son illusion.

LE TRIBUNAL ARBITRAL.

On ne se rend pas plus facilement maître de la conscience des arbitres que de celle des juges, lorsqu'on a affaire à des hommes honnêtes, éclairés et justes.. Vial le sait; aussi soulève-t-il mille incidens, oppose-t-il une foule de chicanes pour faire évanouir en pure perte les trois mois au terme desquels expireront les pouvoirs du Tribunal arbitral.

M. Armant, mon arbitre, demande la visite des lieux, sans laquelle il était impossible d'opérer en connaissance de cause : visite obligée, puisque le compromis portait : *Les arbitres vérifieront si le propriétaire a rempli les conditions du bail.*

M. Armant ne put obtenir cette satisfaction, et soit découragement, soit que ses affaires personnelles exigeassent plus spécialement ses soins, il donna sa démission.

Vial, dès ce moment, change de batteries, et comme mon épouse et moi lui avions notifié la nomination d'un nouvel arbitre en remplacement de M. Armant, il nous assigne tous deux au domicile de notre nouvel arbitre, ainsi que M. Armant, à comparaître le 4 avril 1828 dans le cabinet de M. Vallée, rue de la Jussienne, n° 15.

PRÉTENTIONS BIZARRES.

Ce qui distingue nettement la vérité du mensonge, c'est que celle-ci n'est jamais contradictoire avec elle-même, et il est facile de se rendre compte de la sincérité des motifs que Vial donne à son assignation bizarre du 2 avril 1828, en faisant observer que tantôt il y prétend qu'il y a eu société particulière entre lui et moi, tantôt qu'il a manifesté, lui, Vial, l'intention de se retirer de l'association, *ce qui est prouvé*, dit-il, *par la cessation des écritures sociales, tenues par* Mme *Matelin, et mises au net par M. Mangin dit Bionval*; tantôt il ne voit dans le bail qu'une forme pour désigner les objets loués à la société, tantôt que le bail ne devait pas durer plus que la société, dont il n'était qu'un mode d'exécution ; tantôt que ce bail ne peut servir qu'à indiquer le prix de la location consentie à mon épouse et à moi.

Et il conclut à ce qu'il soit dit que le bail a cessé son effet à compter du 1er janvier 1827, et à être autorisé à saisir-gager, aux termes de l'art. 819 du Code de Procédure.

Une société qui se forme sans conditions et sans actes, qui se dissout par une cessation dans la tenue des écritures, des registres qui sont à la disposition d'un tiers, et qui prouvent, parce que ce tiers n'y écrit plus, que nous renonçons à la société, un bail qui constitue l'existence d'une société dont il ne parle pas, une société qui, parce qu'elle n'a plus lieu, fait cesser la durée d'un bail, durée spécifiée dans un acte authentique, une saisie pratiquée en vertu d'un bail que l'on soutient n'être qu'un acte de société, à la requête du co-sociétaire, conséquemment du *co-débiteur* des loyers, et dans un temps où il soutient que la société n'existait plus, sont des prétentions si étranges, si folles, si contradictoires et si absurdes, qu'il suffit de les énoncer pour les confondre et les repousser.

INVOLUTIONS DE PROCÉDURES.

De Machurin ne craint ni d'être en opposition avec l'équité et la raison , ni d'être en contradiction avec les actes les plus formels , ni avec ses paroles , ni avec ses propres écrits.

Il disait , dans une de ses lettres en date du 14 mars :

« L'article de *l'emprunt* d'Orléans , dans nos conventions, ayant été *reçu par moi,* qui étais à Paris , il est convenu que j'en ferai emploi ; mais que j'en déduirais tout ce qui serait frais à M. Matelin directement.

» Je ne sais s'il est convenable que les bois , ceux venus d'Orléans , soient mêlés ; il me semble que la régularité exigera qu'il en soit fait une espèce d'estimation , et que M. Matelin en étant crédité, je sois tenu de lui en faire compte dans un temps donné ; *alors tous les frais de cette fabrique sont nécessairement ma* DÉPENSE *et mon* CRÉDIT, et restent à la propriété, qui ne peut en être dessaisie. Si je faisais autrement, le mélange des propriétés ne pourrait pas rendre mobiliers les bois employés à des bâtimens , hangards et autres objets tenant au sol ; par conséquent il y aurait, en cas d'événement quelconque, mort ou autre, inconvénient pour M. Matelin, *au lieu que je dois lui en faire compte dans un temps, même éloigné. C'est une charge imposée à la propriété pour ce qu'elle acquiert en* PAIEMENT *de ce que M. Matelin abandonne.* »

Voilà bien Vial qui se reconnaît débiteur ; voilà bien les impenses pour la tuilerie mises à sa charge ; voilà bien sa propriété déclarée responsable de toutes les dépenses qu'elle occasionnera pour la mettre en état convenable de réparation, de construction et d'embellissement.

Eh bien ! que fait-il pour égarer ma raison et me forcer, en quittant les lieux, à lui abandonner tout mon avoir ? Il anime les fournisseurs et les ouvriers à m'actionner personnellement ; les citations, les assignations, les menaces, les mauvais propos, les excès m'assaillent de toutes parts.

Il serait fastidieux de rassembler ici tous les détails de procédure dans lesquels Vial, soit par ses inspirations, soit par lui - même directement, m'enveloppa tout entier. Je m'arrête aux points remarquables.

JUGEMENS ET CONTRAINTE PAR CORPS.

On se rappelle les 11,000 francs de billets que j'avais si imprudemment consentis ; on m'assigne au domicile de Vial, qui me laisse ignorer cette poursuite ; on l'assigne pour la forme, et nous sommes condamnés par défaut. J'étais à Berville : il était à Paris.

J'apprends cependant l'existence du jugement qui me condamnait par corps; j'y forme opposition, et je choisis Mᵉ Saivres, agréé, pour me défendre devant le Tribunal de Commerce.

Il y avait une incompétence positive à opposer, puisqu'il s'agissait de billets au porteur comprenant une stipulation d'intérêt à 5 pour 100, et qu'ainsi le titre n'était nullement commercial. Mais à Paris, ville du monde où l'on affecte le plus grand mépris pour la liberté individuelle, et où les lois et les règles les plus formelles ne sont que de vains obstacles à l'envahissement des juridictions, il est convenu que les juges consulaires sont les arbitres de toutes causes, pour peu que, soit par la qualification du titre ou de la personne, on puisse rattacher le fait à la spéculation, à l'industrie ou au commerce, choses très-distinctes, et que l'on se complaît à confondre. Le Tribunal y gagne de l'importance, les Agréés font rapidement leur fortune ; et peu importe que les avoués des Tribunaux civils perdent à cette confusion, que les parties soient ruinées, et que, par conséquent, la prospérité publique soit sacrifiée.

Que fit donc Mᵉ Saivres ? Sous la présidence de M. Pepin-Lehalleur, il conclut, le 29 janvier 1828, et il obtient un jugement qui ordonne que les sieurs Allegry et compagnie, porteurs d'une partie des billets, apportent leurs registres au Tribunal, et nomme M. Prestat, l'un des juges, pour la vérification.

Le lendemain 3o étant fixé pour cette vérification, ni le sieur Allégry ni ses registres ne parurent; mais bien le sieur Desprez, l'avoué, l'ami, le conseil de Vial.

C'était donc Vial, bien positivement Vial qui agissait contre moi sous le nom d'Allégry. Telle fut la première idée qui, comme un trait de lumière, dissipa totalement l'opinion que je m'étais faite de Machurin, et qui, de propriétaire embarrassé, intéressant et malheureux, devint à mes yeux un misérable sans foi, sans probité et sans droit à la compassion des hommes.

J'aurais pu me tromper et hésiter dans un jugement si sévère : un éloge ampoulé de Vial par Desprez, des apostrophes contre moi, me convainquirent de l'exactitude de mon premier aperçu. Une seconde visite le 4 février chez M. Prestat, sans registres ni pièces ni billets apportés par Desprez ; la proposition que me fit celui-ci de payer la moitié du montant des billets, et sur mon refus, sa menace de me faire poursuivre par Mlle Vial, toujours en présence de M. Prestat, et la déclaration de M. Allégry le même jour, tant à moi qu'à M. Foucher, avocat qui m'assistait, de sa résolution de rendre les billets à Vial, ne me permirent pas de conserver aucun doute.

Le sieur Allégry était détenteur de six mille francs de billets en son nom, et surprend au tribunal de commerce un jugement le 8 mars 1828, contradictoire parce qu'il y avait agréé en cause, et qui me condamne par corps à les lui payer avec intérêts depuis leur création.

A la vue de la signification de ce jugement étrange, je

cours chez mon Agréé, il s'étonne, il ignore comment cela est arrivé! Je vais chez M. Allégry, même surprise, il m'invite à demeurer tranquille et jure qu'il ne signera jamais un pouvoir pour autoriser la prise de corps.

Il réitère le même engagement et les mêmes protestations à deux personnes et à mon épouse.

Je devais être tranquille, car j'avais un Agréé pour me défendre, un tribunal pour me protéger, la parole d'un négociant pour me rassurer! Oui, mais l'Agréé s'occupe d'étendre les produits de son étude, et nullement de ces cliens fugitifs que la misère publique lui adresse. Les juges consulaires ont à soigner leurs affaires commerciales incessamment en péril, et le négociant, soit qu'il vise à se transformer un beau matin en homme d'état, soit qu'il aspire à être éligible en accroissant sa consistance financière, ne cherche qu'à se débarrasser de soins sans profits, conséquence naturelle du système politique nouvellement introduit en France, et qui admet la possession de l'argent comme signe représentatif du savoir, du talent et même du génie.

TRANSPORT DES 6,000 FR. DE BILLETS. — ARRESTATION.

Les 7 et 14 mai 1828, Vial, sous le nom d'Allégry, qui veut se détacher d'une vilaine affaire, transporte en l'étude de M. Bernard, notaire, les 6,000 fr. de billets, à un sieur Henri-Honoré Néry, ingénieur, demeurant alors à Paris, rue de Paradis-Poissonnière, n. 31.

Ce second prête-nom fait signifier son transport, mais de manière à ce que je n'en eusse ni vent ni nouvelles.

Quel était le but de Vial? De me forcer à la résiliation du bail; de quitter les lieux et de perdre conséquemment tout moyen de rentrer même dans une partie des fonds que j'avais déboursés pour lui.

Comment parvenir à déterminer mon consentement? En abusant du jugement du 8 mars précédent et en me faisant arrêter au nom de Néry, puisque c'est lui-même qui agit.

Cette dernière atrocité a été commise le 18 juin 1828, à l'aide de l'honorable suppléant du juge de paix Duval, à 6 heures du matin, par procès-verbal d'écrou à Sainte-Pélagie, du garde de commerce Guenet.

Y a t-il quelques indices que ce soit bien là une œuvre de Vial de Machurin?

ŒUVRE DE VIAL DE MACHURIN.

Il a déclaré, le 22 juillet 1828, à M. Gautier, fabricant de faïence, *que je ne devais pas les billets* pour lesquels il *m'avait fait* arrêter; mais que si je ne lui donnais pas la résiliation de mon bail, *il me ferait pourrir en prison* avec l'argent de la vente de mes meubles.

Je vendrais ma dernière chemise pour le tenir en prison, a-t-il dit à MM...

Si Matelin reste en prison, observa-t-il à M. Guyot, géomètre, c'est qu'il le veut bien.

Mon arrestation par le fait, par la volonté et par l'insistance de Vial, est donc un point invariablement fixé; la trace, d'ailleurs, en avait été donnée au juge d'instruction Delahaye, dont je parlerai plus loin, par M. Gautier père, au témoignage duquel il est facile de joindre celui de son épouse et de son fils, ainsi que celui de M. Petit, receveur de l'enregistrement à Fontainebleau, et de plusieurs autres personnes.

Les billets dont j'avais crédité Vial étaient-ils payés ? M. Boisgarnier, qui avait été l'escompteur *, m'a déclaré, le 20 décembre 1827, qu'il était payé du dernier billet de 3,000 francs, et que *je ne serais plus inquiété ;* M. Boisgarnier a fait le même aveu à M. Prestat, juge au Tribunal de commerce.

Ainsi Vial, débiteur direct, qui avec l'argent qu'il m'a enlevé, paie des billets dont pour lui je m'étais porté garant, et c'est lui qui m'incarcère en se prévalant de ces mêmes billets qu'il m'a extorqués !

Etait-ce bien Vial qui me retenait en prison ? Le clerc de l'huissier Binet, chargé de fournir les alimens, se rend au greffe de Sainte-Pélagie, le 13 janvier 1829, et là, en présence de M. Gaillard, directeur, et de M. Duchêne, greffier, il annonce qu'il vient déposer 20 fr. 67 c., que M. Vial a apportés lui-même, en recommandant bien de ne pas oublier de les consigner le même jour.

NÉRY EST UN PRÊTE-NOM.

On pense bien que ce n'était pas sous son nom que l'hypocrite Vial agissait : c'était sous celui d'Allégry pour surprendre le jugement, sous celui de Néry pour consommer l'iniquité.

Et ce Néry, se disant ingénieur, était-il sérieusement cessionnaire d'Allégry ? Etait-il en position, l'a-t-il jamais été, de compter 6,000 francs à la maison Benedict, Allégry

---

* Dans le compte de l'année 1826, écrit de la main de Vial, on lit :

« *J'ai reçu deux mille francs de* M. Courtois.

» *Plus, de* M. Boisgarnier, *contre* NOS BILLETS, *dix mille francs.* »

et compagnie? Dans quel tems, dans quel lieu, à quelle époque? La maison Allégry et lui seraient bien embarrassés de nous le dire.

L'acte des 7 et 14 mai 1828 contient cette énonciation : *M. Allégry reconnaît par ces présentes avoir reçu de M. Néry, en espèces ayant cours, comptées et délivrées antérieurement à ce jour, hors la vue des notaires soussignés, dont quittance.*

Que l'on consulte les livres d'entrées de la maison israélite Benedict, Allégry et compagnie, et certes on ne trouvera nulle trace de l'encaissement des 6,000 francs prétendus fournis en espèces ayant cours par Néry, ni de celui des trois billets au porteur de 2,000 francs chacun, le premier daté du 17 août 1826, payable le 17 août 1827 ; le second en date du 17 août 1826, sans indication d'époque de paiement ; le troisième, daté du 17 novembre 1827, sans indication non plus d'époque de paiement.

Ces trois billets sont enregistrés le même jour, 17 novembre 1827. On demandera, et il sera fort embarrassé de répondre, à M. Allégry, pourquoi il n'a fait protester, le premier billet échéant le 17 août 1827, que le 17 novembre suivant ? comment il a encaissé comme valeurs le second et le troisième, quoique ne contenant pas d'époque fixe d'échéance, et par quelle singularité il a fait enregistrer le troisième le jour même de sa souscription, 17 novembre 1827 ?

Si donc il est évident et palpable que Néry et Allégry ne sont que des prête-noms de Vial, celui-ci, en subtilisant à Matelin sa signature, sous le faux semblant d'une opération qui devait tourner au profit commun, en masquant ses poursuites sous les noms d'Allégry et de Néry, en forçant Matelin à payer ce qu'il ne doit pas, en employant, par une sorte de sacrilége, la loi de la contrainte par corps pour arriver à cette extorsion d'argent, celui-ci, ce Vial, ce héros de ma brochure, quel est-il aux yeux des lecteurs, que devait-il être aux yeux du juge d'instruction Delahaye jeune, que sera-t-il aux yeux de la Cour?

QUELQUES PERSONNAGES.

Je pourrais bien placer près de mons Vial de Machurin quelques personnages épisodiques circulant comme des satellites autour de l'astre prototype des nombreuses escroqueries dont j'ai été la victime. Ces digressions, tout en jetant du charme dans ma narration, feraient perdre de vue l'acteur principal. L'huissier Lacolley, audiencier au Tribunal civil de Fontainebleau; l'avoué Dupré, près le même Tribunal, et l'ex-avoué de Paris Boisgarnier, méritent à coup sûr une mention toute spéciale, une place à part, et que je leur réserve par la suite. Ils ne perdront rien pour attendre, et quoique fort étranger à la doctrine saint-simonienne, je leur appliquerai la règle : *A chacun selon ses œuvres.*

Ils ont trop activement servi les projets de Vial, ils ont été ses conseillers trop constans et trop fidèles, pour que je les oublie.

Revenons à Vial.

LA PLAINTE.

Fatigué des vexations inouies et des tiraillemens en tous sens que j'éprouvais, je me déterminai enfin à m'adresser à la justice, et déposai le 3 janvier 1829, une plainte entre les mains de M. le procureur du roi près le tribunal de première instance du département de la Seine.

Elle fut enregistrée sous les numéros du parquet 89,552,

et du greffe 1,396, et soumises d'abord aux lumières et au zèle de **M. Hua**, l'un des juges instructeurs.

Le sieur Vial se croit avocat parce qu'il a été breveté licencié par l'Ecole ; il s'intitule propriétaire, quoiqu'il n'ait pour tout bien personnel que l'air qu'il respire et des dettes nombreuses; en dernier lieu, il est qualifié de négociant, probablement parce qu'il sait fort habilement s'emparer du bien d'autrui, et s'est soumis à patente, sans doute pour passer de la qualité d'électeur à celle d'éligible, de celle d'éligible à celle d'élu, et de celle d'élu à celle de ministériel *quand même !...*

Pour que cet illustre fût bien connu, je le signalai donc dans ma plainte ainsi qu'il suit : *François-Joseph Vial, anciennement avocat et propriétaire, se qualifiant aujourd'hui de négociant patenté, demeurant à Paris, rue Neuve-Saint-Martin, n° 28.*

Manœuvres frauduleuses, crédit imaginaire, emploi de prête-noms, arrestation tortionnaire, et cette réunion de circonstances formée dans le seul but de me dépouiller de la totalité de ma fortune, tels furent les points que je livrai aux investigations et à la constatation par les magistrats instructeurs.

Rien de plus facile pour eux que d'arriver à la complète manifestation de la vérité, car j'indiquai dans ma plainte des indices qui y conduisaient tout droit.

1° L'acquisition faite par Vial de la seigneurie de Berville, moyennant une somme de 256,500 francs, quand il n'avait pas un sou vaillant, et qui lui appartint.

La venderesse, Mme Elisabeth Reddet, épouse de M. David Garwdel, colonel de génie au service de Suède, pouvait donner sur ce chef les plus décisifs renseignemens.

2° L'emprunt fait, par Vial, à Mme la marquise d'Aligre, de la somme de 256,500 francs, emprunt qui, par le rapprochement des deux sommes égales entre elles, faisait voir que Vial avait acheté sans aucun moyen de payer, et avait pris à sa charge le paiement des intérêts de 256,500 francs jusqu'à ce qu'il eût satisfait Mme de Garwdel, et de pareille somme de 256,500 francs à Mme d'Aligre, jusqu'à ce qu'il l'eût remboursée.

Pour sortir de cette opération doublement désastreuse, il n'y avait d'autre issue que la spoliation d'autrui, et c'est ainsi que toujours l'escroquerie procède.

3° Vial a pris, par acte, l'engagement de faire, jusqu'à la concurrence de 300,000 francs, des améliorations et des accroissemens sur la propriété qu'il achetait, et ce dans le délai de deux ans à partir de la signature de ce même acte.

C'était une allucination pour s'emparer du domaine de Mme Garwdel, c'était la chimère d'un espoir qui ne pouvait se réaliser; en effet, elle promettait mensongèrement une garantie certaine du paiement du prix de la vente, et pour entraîner la confiance, elle offrait en perspective la plus-value d'un immeuble accru par plus de 300,000 francs de dépenses d'améliorations.

4° Les 14 juin et 2 juillet 1828, commandemens, au nom de Mme d'Aligre, par Tavernier, huissier, à Vial, de rembourser 256,500 francs.

Le 25 août suivant, saisie-arrêt à la requête de Mme d'Aligre, au préjudice de Vial, entre mes mains, par acte de l'huissier Dutois.

La justice avait sous les yeux ces actes qui constatent clairement la position d'un chevalier d'industrie criblé par les poursuites, et néanmoins se présentant effrontément comme une puissance financière.

5° La tentative d'escroquerie méditée contre M. Boquet, chef-fondeur des bronzes à la manufacture de Sèvres, une seconde contre le maire de la Genevraye, une troisième contre le Ministre de l'intérieur, étaient également signalées au magistrat-instructeur.

6° La correspondance du sieur Vial, document remarquable non-seulement parce qu'il décèle la marche qui a été suivie par Vial, et met à nu tous les ressorts qu'il a fait jouer, mais encore parce qu'il constate la préméditation du délit, ce qui devient d'une évidence absolue dès que l'on prend le soin d'observer que les lettres insignifiantes sont et datées et signées très-exactement, tandis que celles qui forment engagement ne le sont point.

7° L'acte authentique, au rapport de M⁰ Dehay, notaire, en date du 10 décembre 1825, donnant hypothèque sur ma maison d'Orléans pour un capital de 20,000 francs prêté par M. Boisgarnier et encaissé par Vial.

Cette production établissait bien le fait matériel et l'importance de la spoliation commise. Le voleur d'un pain de quatre livres eût été envoyé en police correctionnelle ; mais M. Vial de Machurin, le frère d'un Référendaire à la Chambre des Comptes, le licencié, le propriétaire et négociant patenté, qu'en fera-t-on ?

8° Le bail de dix-huit années consenti le 29 juin 1826 à moi et à mon épouse par Vial, moyennant 4,000 francs, tandis que la tuilerie n'avait été jusqu'alors louée que 1,500 f., et contenant l'engagement de terminer, dans six mois, les constructions commencées.

Cette manière de se procurer un crédit comme propriétaire, tandis que le domaine n'était pas payé; de se charger de constructions considérables, tandis qu'on n'a ni capital ni revenus ; de se constituer rentier de 4,000 francs, tandis que les constructions faites et à faire ne se réalisaient et ne devaient se réaliser qu'avec mes propres deniers, n'était-ce pas une manœuvre pour faire de nouvelles dupes après avoir épuisé mes dernières ressources?

9º Les cinq billets au porteur confectionnés de la main de Vial le 17 août 1826, précisément deux mois après la passation du bail, et sur lesquels j'ai imprudemment placé ma signature.

Ici l'escroquerie est patente ; la supposition, soit d'Allegry, soit de Néry, comme cessionnaires, est incontestable.

D'après les inductions précédemment déduites, et plus encore par le fait qu'il n'y a point eu de négociation pratiquée pour aucun des billets, mais bien des transmissions simulées et par voie de transport ; qu'ils sont sans date d'échéance, sauf le premier, et qu'il n'y a point eu de protêt pour conserver le droit de recours, il faudrait renoncer à reconnaître toute vérité matérielle, si l'on mettait en doute qu'en ne cessant jamais d'avoir en main la propriété et la disposition de ces mêmes billets, Vial s'en est servi comme d'une fausse clé pour vider la caisse de Matelin, et comme d'un poignard pour l'assassiner en cas de résistance.

10º Un reçu des mains de M. Courtois, entrepreneur de bâtimens à Montfort-l'Amaury, d'une somme de 2,000 francs pour tuiles fournies et fabriquées par Matelin.

Cette somme était destinée au paiement des ouvriers ; Vial s'en est emparé : c'est un détournement qu'il a commis, et tout le monde sait que le détournement de deniers est un des corollaires de l'escroquerie.

· 43

11° Et l'acte de délégation subtilisé par la D^lle^ Vial en faveur de la fée mystérieuse, qui figure sous le nom de dame Lallemant, sans qu'on sache si elle est fille ou femme, veuve ou divorcée, ou séparée de son mari.

C'était sous le prétexte de la construction des fours que Vial demandait les 18,000 francs objet de la délégation. Fausses espérances ! pure chimère et spoliation bien matérielle, bien positive, calculée de longue main ! N'est-ce pas là ce délit décrit et puni par l'art. 405 du Code pénal ?

Les conséquences à tirer de cette série d'actes frauduleux n'étaient-elles pas assez graves, les sommes enlevées n'étaient-elles pas assez importantes pour fixer l'attention des magistrats ? Matelin néglige-t-il de préciser ses conclusions. ?

CONCLUSIONS DE LA PLAINTE.

Premièrement.

Vial est accusé d'avoir employé toutes sortes de manœuvres frauduleuses et mensongères, d'avoir abusé de la crédulité et de la bonne foi de Matelin, et d'être parvenu, à l'aide d'une fortune et d'un crédit imaginaire et chimérique, à lui ravir toute sa fortune.

Deuxièmement.

Il est accusé de s'être servi de prête-noms, d'avoir fait vendre les meubles, effets et marchandises de Matelin ; de l'avoir fait arrêter et constituer prisonnier en vertu d'une créance dont lui, Vial, était seul débiteur, et dont il n'est devenu possesseur qu'en subtilisant la signature et en abusant de la confiance de Matelin.

Ces griefs sont nettement exprimés, susceptibles d'une vérification prompte, et constatés par des pièces décisives.

Comme instrumens ou complices de l'escroquerie commise, des manœuvres pratiquées, et d'une habitude frauduleuse, Matelin signale à la justice la D^{lle} Vial, le sieur Allegry et le sieur Néry. Il indique pour témoins Mme la marquise d'Aligre, M. Gauthier, son épouse et son fils, M. Boisgarnier, MM. Boquet, Petit, Darcy, Sellier, Lemoine, Létang, Morot, Bernard et Boudard.

Il dépose enfin des témoignages irrécusables, la correspondance de Vial et les actes qu'il a souscrits après les avoir lui-même sollicités.

Qu'avait à faire, que fera le juge d'instruction ?

Guidé par la raison et esclave de la loi, sans doute le juge d'instruction va, par un procès-verbal régulier et par une information méthodique, constater la matérialité des faits ; aucun élément ne lui manque. L'acte d'acquisition consenti par Mme de Garwdel, le prêt souscrit par Mme d'Aligre, l'hypothèque que j'ai soufferte en raison des 20,000 francs empruntés par Vial sur ma maison d'Orléans, les 11,000 fr. de billets au porteur que j'ai souscrits, la délégation des 18,000 francs que j'ai signée en faveur de l'invisible dame Lallemand, la quittance fournie par Vial à M. Courtois, tous ces documens vont passer sous les yeux de M. Hua ; c'est lui qui les examinera avec soin, c'est lui qui pénétrera jusque dans les entrailles de l'intrigue longuement élaborée dont j'ai été la victime ; c'est ce jurisconsulte qui, tenant compte de toutes les circonstances, et les appréciant avec savoir et conscience, fera jaillir cette lumière de vérité si accablante pour le crime.

Mais que dis-je ? M. Hua est je ne sais pourquoi dessaisi de l'affaire, et c'est un ancien avoué, devenu juge, depuis instructeur, et aujourd'hui Juge suppléant au Tribunal de Paris, qui vã procéder.

M. DELAHAYE *jeune*, JUGE D'INSTRUCTION.

Comme par un usage introduit contre le bon sens et l'équité, la procédure criminelle demeure secrète, ce qui fait que le plaignant ignore quelles précautions ont été prises par le magistrat pour parvenir à la manifestation de la vérité du crime ou du délit, et que, d'un autre côté, le prévenu ou l'accusé ne sait jamais sur quelles bases est posée l'accusation ou la plainte, quoique la loi lui accorde le droit de produire un mémoire en Cour royale pour établir sa justification; comme la seule pièce sur laquelle le plaignant ou l'accusateur, le prévenu ou l'accusé, peuvent établir leurs soutenemens contradictoires, est soit l'ordonnance de non-lieu, soit celle qui renvoie en Cour d'assises ou devant le Tribunal correctionnel; comme enfin la chambre qui statue ne voit, n'entend, ne croit ou ne niet *en fait* et *en droit* que le contenu du rapport de M. le juge d'instruction, et qu'à moins que l'affaire ne touche à la politique le ministère public approuve tout sans hésiter et sans examiner, je place hors ligne MM. Barbeau et Hémar, signataires comme juges, et M. Pécourt, consentant en sa qualité de substitut de M. le procureur du roi, et je ne verrai dans l'ordonnance de non-lieu du 14 mars 1829, que le seul M. Delahaye jeune, dont elle est uniquement et exclusivement l'ouvrage.

ORDONNANCE DE NON-LIEU.

N° 9520.

Tribunal de première instance du département de la Seine.

« Nous, juges composant la 4ᵉ chambre du Tribunal, réunis dans la chambre du conseil, conformément à l'art. 127 du Code d'instruction criminelle.

« Vu les pièces du procès et l'instruction faite contre Jo-
» seph *Vial*, Marguerite-Anne *Vial*, Benedic *Allegry* et
» *Néry*, et Jean *Lacolley*, ensemble les conclusions de
» M. Pécourt, substitut de M. le procureur du Roi, du
» 5 août 1829, tendant à ce qu'il soit dit qu'il n'y a pas
» lieu à suivre contre les susnommés. »

Cette locution n'est ni précise, ni juridique. Le Tribunal en conseil déclare qu'il a vu les pièces; pourquoi ne sont-elles pas désignées par dates et par nature? Il parle de l'instruction; mais en quoi consiste-t-elle? Des témoins ont-ils été entendus? Des confrontations ont-elles eu lieu? Le prévenu s'est-il présenté ou a-t-il fait défaut? Quels sont les faits sur lesquels il a été interrogé?

Et comment, puisque ces points capitaux n'ont pas été fixés, pourrait-on recourir à l'application des art. 246 et 247 du Code d'instruction criminelle, si la chambre des mises en accusation de la Cour royale confirmait purement et simplement la décision des premiers juges qui renvoient de la plainte?

Ces articles sont ainsi conçus :

ART. 246.

« Le prévenu à l'égard duquel la Cour royale aura décidé

» qu'il n'y a pas lieu au renvoi à l'une de ces deux Cours, ne
» pourra plus y être traduit à raison du même fait, à moins
» qu'il ne survienne de *nouvelles charges.* »

ART. 247.

« Sont considérées comme *charges nouvelles* les *déclara-*
» *tions* des témoins, *pièces* et *procès-verbaux* qui, n'ayant
» pu être soumis à l'examen de la Cour royale, sont cepen-
» dant de nature à fortifier les preuves que la Cour aurait
» trouvées trop faibles, soit à donner aux faits de *nouveaux*
» *développemens* utiles à la manifestation de la vérité. »

Eh bien ! d'après ce texte formel, pouvais-je, sans connaître les pièces et procès-verbaux produits, les noms des témoins entendus, me prévaloir du motif de *charges nouvelles,*
puisque j'ignore quels procès-verbaux et quelles pièces ont
été soumis à l'examen des premiers juges, et conséquemment
de la Cour, quels témoins ont été appelés, quels sont ceux
qu'on n'a pas daigné entendre, quels faits ont été négligés,
appréciés et examinés?

Et si ni les pièces existantes n'ont été vérifiées, ni les procès-verbaux dressés, que résulte-t-il? Une procédure arbi-
traire, illégale, absurde, et conséquemment nulle.

Que doit faire la Cour? Ordonner une information régu-
lière, pour que force demeure à la loi, et que la vérité
triomphe.

Poursuivons notre citation :

« Ouï le rapport de M. Delahaye, l'un des juges d'ins-
» truction près de ce Tribunal, duquel il résulte que, dans
» le courant de 1826, Matelin quitta l'exploitation d'une
» fabrique de tuiles à Orléans, et vint se fixer à Paris.... »

Comment un juge d'instruction qui avait sous les yeux l'acte d'emprunt sur ma maison d'Orléans , passé devant Deshayes le 10 décembre 1825 , et une lettre de Vial en date du 15 décembre de la même année, où il dit : *C'est aujourd'hui que nous empruntons , moi et M. Matelin, 20,000 fr.* , et toutes les pièces antécédentes, a-t-il pu placer en 1826 la fixation de mon séjour à Paris et de la connaissance que je fis de Vial ?

M. Delahaye me permettra de lui dire qu'il n'a lu ni ma plainte ni les pièces, et qu'il s'en est aveuglément rapporté à l'historique mensonger que lui a fait Vial.

S'il s'irritait de cette version, la plus favorable que je puisse donner à son rapport, je serais forcé de lui rappeler qu'on lit au Code pénal un art. 146, qui porte :

« Sera aussi puni des travaux forcés à perpétuité tout
» fonctionnaire ou officier public qui, en rédigeant des
» actes de son ministère, en aura frauduleusement dénaturé
» la *substance* ou les *circonstances*....., soit en constatant
» comme *vrais* des faits *faux*, ou comme *avoués* des faits
» qui ne l'étaient pas. »

Comment , si ce n'est sous l'inspiration de Vial de Machurin, M. Delahaye a-t-il pu écrire dans son rapport qui me fixe, en 1826 , une résidence à Paris :

« Il y fit connaissance de Vial, qui *venait* d'acheter le
» domaine de Berville près de Fontainebleau. » L'acte de vente, placé dans ses mains, étant du 12 avril 1825.

Comment, si ce n'est sous la dictée de quelque maître en fourberies et en astuce, M. Delahaye a-t-il pu tracer ces lignes?

« Matelin *conçut* et *réalisa le projet* d'établir une tuilerie
» dans ce domaine.

» Les premiers travaux demandaient des fonds assez con-
» sidérables ; plusieurs emprunts ont eu lieu successivement ;
» 20,000 francs furent empruntés conjointement par Vial et
» Matelin, avec affectation hypothécaire sur un domaine
» appartenant à ce dernier ; 10,000 francs devaient être em-
» ployés aux travaux de la tuilerie ; Matelin prétend que
» Vial s'est approprié cette somme ; Vial NIE ce fait. »

Eh bien ! M. le juge d'instruction, la dénégation de Vial
vous suffit ! On sait bien que la crédibilité de l'accusateur et
de l'accusé sont égales entre elles ; mais n'aviez-vous pas
l'acte du 10, la lettre du 15 décembre 1825, souscrites par
Vial lui-même, pour éclairer votre religion ? N'aviez-vous
pas des témoins à entendre pour fixer vos incertitudes ? N'a-
viez-vous pas des registres et une correspondance à consulter ?

Vous continuez :

« Au mois d'août 1826, 10,000 francs furent encore em-
» pruntés par Vial et Matelin, *cinq billets de 2,000 francs*
» souscrits par eux. Ces billets devinrent la propriété de la
» D^{lle} Vial, qui paraît avoir prêté les fonds plus tard, au
» mois de mai 1827.... »

Par quel moyen M. Delahaye a-t-il appris que ces billets,
créés en août 1826, sont devenus la propriété de Mlle Vial
en mai 1827 ? Pourquoi n'exprime-t-il pas la nature de ces
billets, et leur forme, et leur échéance, et les conditions in-
solites qui s'y rattachent ?

On l'a vu plus haut, l'un de ces billets était de 3,000 fr.,
et passa dans les mains de M. Lacarrière.

Un autre, de 2,000 francs, fut placé dans celles de M. Chabouillé, marchand de papier, rue Saint-Martin.

Trois de 2,000 francs chacun ont servi de base à la con-
damnation obtenue par Allégry au Tribunal de commerce.

Depuis quand 3, plus 2, plus 6, ne font-ils que 10 et pas
11 ? Est-il possible d'apporter une preuve plus décisive et
plus tranchante que M. Delahaye n'a pas lu, n'a pas voulu
consulter les pièces, et que s'il les a vues et lues, il en a al-
téré le texte?

Est-ce avec des procédures ainsi dirigées que l'on a droit et
titre pour devenir président de chambre? D'après des faits si
nettement déduits, si clairement prouvés, et dès que cet
écrit paraîtra au grand jour, M. Delahaye peut-il un seul
instant différer à se démettre, pour éviter que les magistrats
parmi lesquels il s'est introduit ne lui fassent sentir tout le
poids d'une juste indignation ?

Continuons la transcription du rapport.

« Matelin qui, *depuis* 1826, était *locataire* de la tuilerie
» de Berville, emprunta encore 18,000 francs, qui furent
» prêtés par la D^lle Vial, sous le nom d'une dame Lalle-
» mand.

» Pour sûreté de cet emprunt, Matelin délégua les pro-
» duits de la tuilerie jusqu'à concurrence de pareille somme.

» Les cinq billets de 2,000 francs n'ayant pas été payés ,
» la D^lle Vial en céda pour 6,000 francs à un sieur Allé-
» gry.

» Celui-ci prit jugement contre Matelin , et céda lui-
» même sa créance à Néry , ou plutôt la rétrocéda à la
» D^lle Vial.

» Il paraît que Néry n'est que le *prête-nom* de cette demoi-
» selle..

» Néry continua les poursuites , et le fit emprisonner.

» D'un autre côté, Matelin était en contestation avec
» Vial.

» C'est dans ces circonstances qu'il a rendu plainte en
» escroquerie contre *Vial*, sa *sœur*, *Allégry* et *Néry*. »

Quoi, M. le juge d'instruction, vous trouvez sous votre main une Demoiselle Vial qui, à l'aide du faux nom de dame Lallemand, se fait consentir une délégation de 18,000 francs, un sieur Néry et un sieur Allégry qui prêtent leurs noms à cette Demoiselle Vial pour faire payer à Matelin 10,000 francs qu'il n'a jamais reçus! Vous voyez, sans être ému jusqu'aux larmes, un honnête artisan jeté dans les prisons sur des lettres dont il n'est pas débiteur, et à la requête de ceux qui lui ont subtilisé sa signature! et comme si les doux yeux de la syrène Vial vous eussent complètement fasciné les yeux et troublé la raison, vous souscrivez un rapport favorable au crime! quelque scribe à gages le rédigea sans doute, car il est impossible, et par sa forme, et par son style, et par le mode d'argumentation qui y domine, que ce soit là l'œuvre d'un magistrat! Votre paresse aura été sollicitée par quelque enchanteresse, je n'en doute pas ; sans cela vous ne seriez qu'un profond scélérat à mes yeux comme à ceux de quiconque a une âme droite, un esprit juste, et quelque vénération pour la magistrature.

Je crois plus, je suis certain que vous-même, et encore moins vos collègues, vous n'avez pas lu cet odieux produit des combinaisons de quelque bas suppôt de justice.

Reconnaissez-le vous-même : d'après votre débat, c'est en 1826 que vous me conduisez à Paris, et que vous y fixez ma résidence ; plus loin, vous me faites locataire de Berville en 1826 !

Puisque j'étais locataire, je ne pouvais être naturellement

tenu que du paiement des loyers. Comment donc m'a-t-on enlevé 10,000 francs sur une propriété d'Orléans, 2,000 fr. des mains de M. Courtois, 11,000 francs de billets, 18,000 fr. sur le nom de Lallemand? Quelle instruction avez-vous faite à cet égard? Comment la D^{lle} Vial pouvait-elle devenir ma créancière?

Quelle base donnez-vous à ma plainte si bien circonstanciée, corroborée de tant de pièces, la plupart authentiques? Que faites-vous de la correspondance de Vial et de sa sœur? Quelle lumière recueillez-vous des témoins? Quelle induction tirez-vous des faits antécédens à l'escroquerie, qui seule a anéanti tous les fruits de trente années de travaux et d'honneur?

Avec ce sourire sardonique qui exprime la joie de l'enfer lorsque la vertu succombe sur la terre, vous inscrivez dans votre rapport :

« Il prétend que Vial n'a pas payé la terre de Berville,
» qu'il l'a trompé sur la bonté des terres du domaine, sur
» les bénéfices que produisait la tuilerie. »

Où donc avez-vous lu cela dans ma plainte?

Et c'est sur ce récit atrocement insidieux, perfide et mensonger, que le ministère public s'étaye, et que vos collègues abusés s'expriment en ces termes :

« Dans ces circonstances, attendu qu'il ne résulte pas de
» l'instruction prévention suffisante contre Vial, la D^{lle} Vial,
» Allégry et Néry de s'être rendus coupables du délit d'escro-
» querie......
» *Déclare* qu'il *n'y a pas lieu* à suivre contre eux. »

Et moi, je vous le dis, il est impossible de faire un abus

plus sacrilége des lois et des fonctions de juge ; il est impossible que l'indignation de vos collègues ne se soulève pas
contre vous comme une mer en furie ; il est impossible que
le magistrat ne rejette pas de son sein un magistrat assez faible, sinon assez criminel, pour souscrire ou rédiger de semblables rapports.

Et moi, je vous le dis , non, il n'y a pas eu d'instruction ;
et devant la Cour il ne s'agit pas de procéder pour charges
nouvelles, mais bien d'ordonner qu'une véritable instruction
fût commencée et parachevée en annullant l'ordonnance du
14 août 1829.

DERNIER CHAPITRE.

J'avais deux devoirs à remplir : il me fallait d'abord
expliquer les faits avec simplicité, avec ordre, et en les ap-
puyant de toutes les pièces qui les justifient. C'était un document indispensable pour tous ceux qui me portaient quelque estime, et qui devaient être embarrassés de se rendre
compte de mon passage si subit d'un état de fortune honora-
blement acquise à une ruine totale, sans avoir néanmoins
reçu aucune des atteintes qui ont abattu le commerce et
l'industrie.

Le second devoir auquel je devais satisfaire, et qui, dans
l'ordre des pensées généreuses, tient le premier rang, con-
sistait à démasquer les ressorts de la justice-métier, tout en
préservant, par mon exemple, mes concitoyens de se laisser
prendre aux embûches qui ont été dressées sous mes pas.

Il faut que tous l'apprennent, il suffit, *à tort ou à raison*,
d'être prisonnier pour être à l'instant même abandonné de ses
amis, de ses parens, et même des magistrats.

J'aurais pu tracer l'histoire effroyable des angoisses et des

supplices de la captivité, j'aurais pu peindre la douleur s'a-
battant en pluie de feu sur tout mon corps pour l'ulcérer ou
le détruire, j'aurais pu dire comment un voile funèbre et
sanglant a enveloppé ma famille ; mais ne nous détournons
pas de notre route. Mon fils, que le chagrin et la misère d'un
père aussi aimant que tendrement aimé, immolé à la fleur
de l'âge, mon fils se soulève de sa tombe ; il voit les remords
qui déchirent mes persécuteurs ; il assistera à leurs derniers
momens ; son ombre pénétrera jusqu'au sanctuaire de la véritable justice ; son ombre vengeresse instruira les magistrats
dignes de ce nom , car il en est encore ; elle éveillera le châ-
timent !!! M'entendez-vous, misérables, qui figurez dans
cet écrit ?

Quant à vous, mes lecteurs, la moralité de mon livre se
retrouve dans cette pensée de Pascal :

« On se corrige quelquefois mieux par la vue du mal que
» par l'exemple du bien, et il est bon de s'accoutumer à
» profiter du mal. »